D0883310

DISCARD

Yellow Umbrella Books are published by Capstone Press,
151 Good Counsel Drive, P.O. Box 669, Mankato, Minnesota 56002.
www.capstonepress.com

Library of Congress Cataloging-in-Publication Data
Ring, Susan.
    [Money math. Spanish]
    Matemáticas y dinero / por Susan Ring.
    p. cm.—(Yellow Umbrella: Mathematics - Spanish)
    Includes index.
    ISBN 0-7368-4156-3 (hardcover)
    1. Counting—Juvenile literature. 2. Coins, American—Juvenile literature. I. Title.
QA113.R5618 2005
513.2—dc22   2004055313

Summary: Simple text and photographs present different coins and explain the value of
each alone and in different combinations.

Editorial Credits
Editorial Director: Mary Lindeen
Editor: Jennifer VanVoorst
Photo Researcher: Wanda Winch
Developer: Raindrop Publishing
Adapted Translations: Gloria Ramos
Spanish Language Consultants: Jesús Cervantes, Anita Constantino
Conversion Editor: Roberta Basel

Photo Credits
Cover: SW Productions/Brand X Pictures; Title Page: Ryan McVay/Photodisc; Page 2:
Andersen Ross/Photodisc; Page 3: Andersen Ross/Photodisc; Page 4: Ryan McVay/
Photodisc; Page 5: Comstock; Page 6: Stockbyte; Page 7: Andersen Ross/Photodisc;
Page 8: Stockbyte; Page 9: DigitalVision; Page 10: Stockbyte; Page 11: Stockbyte;
Page 12: Vicky Kasala/Photodisc; Page 13: Andersen Ross/Photodisc; Page 14:
Stockbyte; Page 15: BananaStock; Page 16: Comstock; all insets: Comstock

1 2 3 4 5 6 10 09 08 07 06 05

Matemáticas y dinero

por Susan Ring

Consultants: David Olson, Director of Undergraduate Studies, and
Tamara Olson, Ph.D., Associate Professor, Department of Mathematical
Sciences, Michigan Technological University

Yellow Umbrella Books
Mathematics - Spanish

an imprint of Capstone Press
Mankato, Minnesota

Centavos

1 ¢

Mi amiga tiene un centavo.
¿Cuánto dinero tiene?
Ella tiene un centavo.

Mi amigo tiene 5 centavos.
¿Cuánto dinero tiene?
El tiene 5 centavos.

1¢ + 1¢ + 1¢ + 1¢ + 1¢

Monedas de 5 centavos

5 ¢

Esta amiga tiene 5 centavos,
también. Ella encontró
una moneda de 5 centavos.

Mi amiga tiene una moneda
de 5 centavos y 5 centavos.
¿Cuánto dinero tiene?
Ella tiene 10 centavos.

5¢ + 1¢ + 1¢ + 1¢ + 1¢ + 1¢

Monedas de 10 centavos

10¢

Este amigo tiene 10 centavos,
también. El tiene una moneda
de 10 centavos.

Mi amiga tiene una moneda
de 10 centavos y 5 centavos.
¿Cuánto dinero tiene?
Ella tiene 15 centavos.

10¢ + 1¢ + 1¢ + 1¢ + 1¢ + 1¢

10¢ + 5¢

Este amigo tiene una moneda
de 10 centavos y una moneda
de 5 centavos. ¿Qué cantidad
de dinero tiene? El también tiene
15 centavos.

Mi amiga ha encontrado
dos monedas de 10 centavos.
¿Qué cantidad de dinero tiene?
Ella tiene 20 centavos.

10 ¢ + 10 ¢

10¢ + 10¢ + 5¢

Estas amigas tienen dos monedas
de 10 centavos y una moneda
de 5 centavos. ¿Qué cantidad
de dinero tienen? Ellos tienen
25 centavos.

Mi amiga tiene una moneda de 10 centavos, dos monedas de 5 centavos y 5 centavos. ¿Qué cantidad de dinero tiene? Ella también tiene 25 centavos.

10¢ + 5¢ + 5¢ + 1¢ + 1¢ + 1¢ + 1¢ + 1¢

Monedas de 25 centavos

25¢

Mi amiga también tiene
25 centavos. Ella encontró
una moneda de 25 centavos.

Este amigo tiene una moneda de 25 centavos y una moneda de 10 centavos. ¿Qué cantidad de dinero tiene? El tiene 35 centavos.

25¢ + 10¢

25¢ + 10¢ + 5¢

Estos amigos tienen tres monedas diferentes. ¿Qué cantidad de dinero tienen? Ellos tienen 40 centavos.

Esta amiga sólo tiene
dos monedas. Juntas suman
más de 40 centavos.
¿Cuánto suman estas monedas?

25¢ + 25¢

Dos monedas de 25 centavos suman
50 centavos. ¿Qué otras monedas
pueden sumar 50 centavos?

Glosario/Índice

(la) cantidad—calidad de lo que puede ser medido o contado;

(el) centavo—cada una de las cien partes en que se divide la unidad monetaria de algunos países americanos;

(el) dinero—conjunto de monedas y billetes que se usa para comprar cosas;

encontrar—dar con una persona o cosa sin buscarla o hallar a una persona o cosa que se busca;

(la) moneda—pieza de metal acuñada, generalmente redonda, que sirve de medida común para el precio de las cosas;

sumar—componer con varias cantidades un total;

Word Count: 225
Early-Intervention Level: 13